Ex Libris Edith

Im Advent 2016

Goldene Worte
No. 5

ISBN 978-3-649-62258-1

Hafenweg 30, 48155 Münster, Germany

Grafische Gestaltung: Albert Bartel, echtwert.de/sign

Textsammlung: Kristina Schaefer

Printed in Italy

www.coppenrath.de

GENIESSE, WAS DAS GLÜCK DIR GÖNNT

Goldene Worte
von J.W. von Goethe

COPPENRATH

LEBENSREGEL

Willst du dir ein hübsch Leben zimmern,
musst dich ums Vergangne nicht bekümmern;
das Wenigste muss dich verdrießen;
musst stets die Gegenwart genießen,
besonders keinen Menschen hassen
und die Zukunft Gott überlassen.

FREU DICH

Nicht
Wünschelruten,
nicht Alraune,
die beste Zauberei
liegt in der guten Laune.

Weißt du, worin der Spaß des Lebens liegt?
Sei lustig! – Geht es nicht, so sei vergnügt.

Willst du glücklich sein im Leben,
trage bei zu andrer Glück,
denn die Freude, die wir geben,
kehrt ins eigne Herz zurück.

Das Leben ist kurz,
man muss sich einander
einen Spaß zu machen suchen.

Ich liebe mir den heitern Mann
am meisten unter meinen Gästen!
Wer sich nicht selbst zum besten haben kann,
der ist gewiss nicht von den Besten.

Dem Heiteren erscheint die Welt auch heiter.

Hebt mich das Glück, so bin ich froh
und sing *in dulci jubilo*;
senkt sich das Rad und quetscht mich nieder,
so denk ich: Nun, es hebt sich wieder!

Wenn man mit sich selbst einig ist
und mit seinen Nächsten,
das ist auf der Welt das Beste.

Auch das ist Kunst,
ist Gottes Gabe,
aus ein paar sonnenhellen Tagen
sich so viel Licht ins Herz zu tragen,
dass, wenn der Sommer längst verweht,
das Leuchten immer noch besteht.

Lust und Liebe
sind die Fittiche
zu großen Taten.

WAS SOLL DER MENSCH VERLANGEN?

Es ist nicht genug, zu wissen,
man muss auch anwenden;
es ist nicht genug, zu wollen,
man muss auch tun.

Beherzigung

Ach, was soll der Mensch verlangen?
Ist es besser, ruhig bleiben?
Klammernd fest sich anzuhangen?
Ist es besser, sich zu treiben?

Soll er sich ein Häuschen bauen?
Soll er unter Zelten leben?
Soll er auf die Felsen trauen?
Selbst die festen Felsen beben.

Eines schickt sich nicht für alle!
Sehe jeder, wie er's treibe,
sehe jeder, wo er bleibe,
und wer steht, dass er nicht falle!

Durch Stolpern kommt man bisweilen weiter;
man muss nur nicht fallen und liegen bleiben.

Auch ist das Suchen und Irren gut,
denn durch Suchen und Irren lernt man.

Manches können wir nicht verstehen,
lebt nur fort, es wird schon gehen!

Das Göttliche

Edel sei der Mensch,
hilfreich und gut!
Denn das allein
unterscheidet ihn
von allen Wesen,
die wir kennen.

Heil den unbekannten
höhern Wesen,
die wir ahnen!
Ihnen gleiche der Mensch!
Sein Beispiel lehr uns
jene glauben.

Denn unfühlend
ist die Natur:
Es leuchtet die Sonne
über Bös und Gute,
und dem Verbrecher
glänzen wie dem Besten
der Mond und die Sterne.

Wind und Ströme,
Donner und Hagel
rauschen ihren Weg
und ergreifen
vorübereilend
einen um den andern.

Auch so das Glück
tappt unter die Menge,
fasst bald des Knaben
lockige Unschuld,
bald auch den kahlen
schuldigen Scheitel.

Nach ewigen, ehrnen,
großen Gesetzen
müssen wir alle
unseres Daseins
Kreise vollenden.

Nur allein der Mensch
vermag das Unmögliche:
Er unterscheidet,
wählet und richtet;
er kann dem Augenblick
Dauer verleihen.

Er allein darf
den Guten lohnen,
den Bösen strafen,
heilen und retten,
alles Irrende, Schweifende
nützlich verbinden.

Und wir verehren
die Unsterblichen,
als wären sie Menschen,
täten im Großen,
was der Beste im Kleinen
tut oder möchte.

Der edle Mensch
sei hilfreich und gut!
Unermüdet schaff er
das Nützliche, Rechte,
sei uns ein Vorbild
jener geahneten Wesen!

Die Neugier hält mich lebendig – das Interesse an dem, was die Begrenzung meiner Erfahrungen sprengt. Sie lässt mich wachsen, indem sie mich an meine Grenze bringt und darüber hinaus sehen und gehen lässt.
Denken, was undenkbar ist, erfahren, was unfassbar erscheint – bis aus der Fülle der Möglichkeiten sich ein neues Bild der Wirklichkeit ergibt... Was immer du tun und erträumen kannst, du kannst damit beginnen. In der Kühnheit wohnen Schöpferkraft, Stärke und Zauber.

Sei du im Leben wie im Wissen
durchaus der reinen Fahrt beflissen;
wenn Sturm und Strömung stoßen, zerrn,
sie werden doch nicht deine Herrn;
Kompass und Pol-Stern, Zeitenmesser
und Sonn und Mond verstehst du besser,
vollendest so nach deiner Art
mit stillen Freuden deine Fahrt.
Besonders, wenn dich's nicht verdrießt,
wo sich der Weg im Kreise schließt;
der Weltumsegler freudig trifft
den Hafen, wo er ausgeschifft.

Alles Behagen am Leben ist auf eine regelmäßige Wiederkehr der äußeren Dinge gegründet, der Wechsel von Tag und Nacht, der Jahreszeiten, der Blüten und Früchte und was uns sonst von Epoche zu Epoche entgegentritt, damit wir es genießen können und sollen: Diese sind die eigentlichen Triebfedern des irdischen Lebens. Je offener wir für diese Genüsse sind, desto glücklicher fühlen wir uns.

Dass das Leben des Menschen nur ein Traum sei, ist manchem schon so vorgekommen, und auch mit mir zieht dieses Gefühl immer herum. Wenn ich die Einschränkung ansehe, in welcher die tätigen und forschenden Kräfte des Menschen eingesperrt sind; wenn ich sehe, wie alle Wirksamkeit dahinaus läuft, sich die Befriedigung von Bedürfnissen zu verschaffen, die wieder keinen Zweck haben, als unsere arme Existenz zu verlängern, und dann, dass alle Beruhigung über gewisse Punkte des Nachforschens nur eine träumende Resignation ist – das alles, Wilhelm, macht mich stumm. Ich kehre in mich selbst zurück und finde eine Welt! Wieder mehr in Ahnung und dunkler Begier als in Darstellung und lebendiger Kraft. Und da schwimmt alles vor meinen Sinnen, und ich lächle dann so träumend weiter in die Welt.

Dass die Kinder nicht wissen, warum sie wollen, darin sind alle hochgelehrten Schul- und Hofmeister einig; dass aber auch Erwachsene gleich Kindern auf diesem Erdboden herumtaumeln und wie jene nicht wissen, woher sie kommen und wohin sie gehen, ebenso wenig nach wahren Zwecken handeln, das will niemand gern glauben, und mich dünkt, man kann es mit Händen greifen.

Ich gestehe dir gern, denn ich weiß, was du mir hierauf sagen möchtest, dass diejenigen die Glücklichsten sind, die gleich den Kindern in den Tag hineinleben, ihre Puppen herumschleppen, aus- und anziehen und mit großem Respekt um die Schublade umherschleichen, wo Mama das Zuckerbrot hineingeschlossen hat, und, wenn sie das Gewünschte endlich erhaschen, es mit vollen Backen verzehren und rufen: „Mehr!" – das sind glückliche Geschöpfe. Auch denen ist's wohl, die ihren Lumpenbeschäftigungen oder wohl gar ihren Leidenschaften prächtige Titel geben und sie dem Menschengeschlechte als Riesenoperationen zu dessen Heil und Wohlfahrt anschreiben. – Wohl dem, der so sein kann! Wer aber in seiner Demut erkennt, wo das alles hinausläuft, wer da sieht, wie artig jeder Bürger, dem es wohl ist, sein Gärtchen zum Paradiese zuzustutzen weiß, und wie unverdrossen auch der Unglückliche unter der Bürde seinen Weg fortkeucht und alle gleich interessiert sind, das Licht dieser Sonne noch eine Minute länger zu sehn – ja, der ist still und bildet auch seine Welt aus sich selbst und ist auch glücklich, weil er ein Mensch ist.

Fang heute an, kühn zu handeln! In dem Moment, wo du dich einer Sache wirklich verschreibst, rückt der Himmel in deine Reichweite.

Bleibe nicht am Boden heften,
frisch gewagt und frisch hinaus!
Kopf und Arm mit heitern Kräften,
überall sind sie zu Haus;
wo wir uns der Sonne freuen,
sind wir jede Sorge los.
Dass wir uns in ihr zerstreuen,
darum ist die Welt so groß.

Was heute nicht geschieht, ist morgen nicht getan,
und keinen Tag soll man verpassen.
Das Mögliche soll der Entschluss
beherzt sogleich beim Schopfe fassen.

*Ein jeder Tag ist ein Gefäß,
in das sich sehr viel eingießen lässt,
wenn man es wirklich ausfüllen will.*

Wir haben genug Zeit,
wenn wir sie nur richtig
verwenden.

Ei, so habt doch endlich einmal die Courage, euch den Eindrücken hinzugeben, euch ergötzen zu lassen, euch rühren zu lassen, euch erheben zu lassen, ja euch belehren und zu etwas Großem entflammen und ermutigen zu lassen.

Die ganze Natur ist eine Melodie,
in der eine tiefe Harmonie verborgen ist.
Die Natur schafft ewig neue Gestalten;
was da ist, war noch nie,
was da war – kommt nicht wieder –,
alles ist neu und dennoch immer das Alte.

DIE WELT IST SCHÖN

Die Natur
ist das einzige Buch,
das auf allen Blättern
großen Gehalt bietet.

Ich stehe wieder auf meiner Zinne über dem rauschenden Brückenbogen; die tüchtigen Holzflöße, Stamm an Stamm, in zwei Gelenken, fahren mit Besonnenheit durch und glücklich hinab; ein Mann versieht das Amt hinreichend, der zweite ist nur wie zur Gesellschaft. Die Scheite Brennholz dilettantisieren hinterdrein; einige kommen auch hinab, wo Gott will, andere werden in Wirbeln umgetrieben, andere interimistisch auf Kies und Sandbank geschoben. Morgen wächst vielleicht das Wasser, hebt sie alle und führt sie meilenweit zu ihrer Bestimmung, zum Feuerherd. Du siehst, dass ich nicht nötig habe, mich mit den Tagesblättern abzugeben, da die vollkommensten Symbole vor meinen eigenen Augen sich ereignen.

Zum Sehen geboren,
zum Schauen bestellt,
dem Turme geschworen,
gefällt mir die Welt.

Ich blick in die Ferne,
ich seh in der Näh
den Mond und die Sterne,
den Wald und das Reh.

So seh ich in allen
die ewige Zier,
und wie mir's gefallen,
gefall ich auch mir.

Ihr glücklichen Augen,
was je ihr gesehn,
es sei, wie es wolle,
es war doch so schön!

Freudig war vor vielen Jahren,
eifrig so der Geist bestrebt,
zu erforschen, zu erfahren,
wie Natur im Schaffen lebt.
Und es ist das ewig Eine,
das sich vielfach offenbart;
klein das Große, groß das Kleine,
alles nach der eignen Art,
immer wechselnd, fest sich haltend;
so gestaltend, umgestaltend –
zum Erstaunen bin ich da.

Natur und Kunst

Natur und Kunst, sie scheinen sich zu fliehen
und haben sich, eh man es denkt, gefunden;
der Widerwille ist auch mir verschwunden,
und beide scheinen gleich mich anzuziehen.

Es gilt wohl nur ein redliches Bemühen!
Und wenn wir erst in abgemessnen Stunden
mit Geist und Fleiß uns an die Kunst gebunden,
mag frei Natur im Herzen wieder glühen.

So ist's mit aller Bildung auch beschaffen.
Vergebens werden ungebundne Geister
nach der Vollendung reiner Höhe streben.

Wer Großes will, muss sich zusammenraffen;
in der Beschränkung zeigt sich erst der Meister,
und das Gesetz nur kann uns Freiheit geben.

Die Welt ist so leer,
wenn man nur Berge sieht,
Flüsse und Städte darin denkt,
aber hie und da jemand zu wissen,
der mit uns übereinstimmt,
mit dem wir auch stillschweigend fortleben:
Das macht uns dieses Erdenrund
erst zu einem bewohnten Garten.

ÜBER DIE FREUNDSCHAFT

Gäbe man einem Menschen
alle Herrlichkeit
der Welt, was hilft's,
wenn er keinen Freund hat,
dem er es sagen kann?

Wenn ein Wunder auf der Welt geschieht,
geschieht's durch liebevolle, treue Herzen.

Freundschaft kann sich bloß praktisch erzeigen. Neigung, ja sogar Liebe, hilft alles nichts zur Freundschaft. Die wahre, tätige, produktive besteht darin, dass wir gleichen Schritt im Leben halten, dass er meine Zwecke billigt, ich die seinigen und dass wir so unverrückt zusammen fortgehen, wie auch sonst die Differenz unserer Denk- und Lebensweise sein möge.

Einen kritischen Freund an der Seite,
kommt man immer schneller vom Fleck.

*Man weiß erst, dass man ist,
wenn man sich in anderen wiederfindet.*

Allein bei Freunden lässt man frei sich gehn,
man ruht in ihrer Liebe, man erlaubt
sich eine Laune, ungezähmter wirkt
die Leidenschaft, und so verletzen wir
am ersten die, die wir am zartsten lieben.

Mit wahrhaft Gleichgesinnten
kann man sich auf die Länge nicht entzweien,
man findet sich immer wieder einmal zusammen.

So eine wahre, warme Freude
ist nicht in der Welt,
als eine große Seele zu sehen,
die sich gegen einen öffnet.

Den Freunden

Des Menschen Tage sind verflochten,
die schönsten Güter angefochten,
es trübt sich auch der freiste Blick;
du wandelst einsam und verdrossen,
der Tag verschwindet ungenossen
in abgesondertem Geschick.

Wenn Freundes-Antlitz dir begegnet,
so bist du gleich befreit, gesegnet,
gemeinsam freust du dich der Tat.
Ein Zweiter kommt, sich anzuschließen,
mitwirken will er, mitgenießen;
verdreifacht so sich Kraft und Rat.

Von äußerm Drang unangefochten,
bleibt, Freunde, so in eins verflochten,
dem Tage gönnet heitern Blick!
Das Beste schaffet unverdrossen;
Wohlwollen unsrer Zeitgenossen,
das bleibt zuletzt erprobtes Glück.

Freudvoll
und leidvoll,
gedankenvoll sein,
langen
und bangen
in schwebender Pein,
himmelhoch jauchzend,
zum Tode betrübt –
glücklich allein
ist die Seele, die liebt.

JA, DIE LIEBE

Krone des Lebens,
Glück ohne Ruh,
Liebe, bist du!

Herz, mein Herz, was soll das geben?
Was bedränget dich so sehr?
Welch ein fremdes neues Leben!
Ich erkenne dich nicht mehr.
Weg ist alles, was du liebtest,
weg, worum du dich betrübtest,
weg dein Fleiß und deine Ruh –
ach, wie kamst du nur dazu?

Fesselt dich die Jugendblüte,
diese liebliche Gestalt,
dieser Blick voll Treu und Güte
mit unendlicher Gewalt?
Will ich rasch mich ihr entziehen,
mich ermannen, ihr entfliehen,
führet mich im Augenblick,
ach, mein Weg zu ihr zurück.

Und an diesem Zauberfädchen,
das sich nicht zerreißen lässt,
hält das liebelose Mädchen
mich so wider Willen fest;
muss in ihrem Zauberkreise
leben nun auf ihre Weise.
Die Verändrung, ach, wie groß!
Liebe! Liebe! Lass mich los!

Flieht, Freunde, ja die Liebe nicht!
Denn niemand flieht ihr Reich:
Und wenn euch Amor einmal kriegt,
dann ist es aus mit euch.

Wenn dir's in Kopf und Herzen schwirrt,
was willst du Bessres haben!
Wer nicht mehr liebt und nicht mehr irrt,
der lasse sich begraben.

Philine

Singet nicht in Trauertönen
von der Einsamkeit der Nacht;
nein, sie ist, o holde Schönen,
zur Geselligkeit gemacht.

Wie das Weib dem Mann gegeben
als die schönste Hälfte war,
ist die Nacht das halbe Leben,
und die schönste Hälfte zwar.

Könnt ihr euch des Tages freuen,
der nur Freuden unterbricht?
Er ist gut, sich zu zerstreuen,
zu was anderm taugt er nicht.

Darum an dem langen Tage
merke dir es, liebe Brust:
Jeder Tag hat seine Plage,
und die Nacht hat ihre Lust.

Tadelt man, dass wir uns lieben,
dürfen wir uns nicht betrüben,
Tadel ist von keiner Kraft.
Andern Dingen mag das gelten;
kein Missbilligen, kein Schelten
macht die Liebe tadelhaft.

*Schön ist die Liebe,
nur echt muss sie sein.*

O das ist herrlich, dass jeder glaubt, mehr vom andern zu empfangen, als er gibt! O Liebe, Liebe! Die Armut des Reichtums – und welche Kraft wirkt's in mich, da ich im andern alles umarme, was mir fehlt, und ihm noch dazu schenke, was ich habe.

Woher sind wir geboren? Aus Lieb.

Wie wären wir verloren? Ohn Lieb.

Was hilft uns überwinden? Die Lieb.

Kann man auch Liebe finden? Durch Lieb.

Was lässt nicht lange weinen? Die Lieb.

Was soll uns stets vereinen? Die Lieb.

Gegen große Vorzüge eines anderen
gibt es kein anderes Rettungsmittel
als die Liebe.

Freiwillige Abhängigkeit ist der schönste Zustand,
und wie wäre der möglich ohne Liebe.

Wir werden geformt und gestaltet
durch das, was wir lieben.

Man kann niemand lieben als den,
dessen Gegenwart man sicher ist,
wenn man seiner bedarf.

Ach, zwei liebende Herzen,
sie sind als wie zwei Magnetuhren:
Was in dem einen sich bewegt,
muss auch das andere mit bewegen,
denn es ist nur Eins, das beide bewegt.
Eine Kraft, die sie durchgeht.

Alle Liebe bezieht sich auf Gegenwart; was mir in der Gegenwart angenehm ist, sich abwesend mir immer darstellt, den Wunsch des erneuerten Gegenwärtigseins immerfort erregt, bei Erfüllung dieses Wunsches von einem lebhaften Entzücken begleitet wird, das eigentlich lieben wir, und hieraus folgt, dass wir alles lieben können, was zu unserer Gegenwart gelangen kann; ja um das Letzte auszusprechen: Die Liebe des Göttlichen strebt immer darnach, sich das Höchste zu vergegenwärtigen.
Ganz nahe daran steht die Neigung, aus der nicht selten Liebe sich entwickelt. Sie bezieht sich auf ein reines Verhältnis, das in allem der Liebe gleicht, nur nicht in der notwendigen Forderung einer fortgesetzten Gegenwart. Diese Neigung kann nach vielen Seiten gerichtet sein, sich auf manche Personen und Gegenstände beziehen, und sie ist es eigentlich, die den Menschen glücklich macht.
Es ist einer eignen Betrachtung wert, dass die Gewohnheit sich vollkommen an die Stelle der Liebesleidenschaft setzen kann. Es gehört viel dazu, ein gewohntes Verhältnis aufzuheben; es besteht gegen alles Widerwärtige; Missvergnügen, Unwillen, Zorn vermögen nichts gegen dasselbe; ja es überdauert die Verachtung, den Hass.

Liegt dir gestern klar und offen,
wirkst du heute kräftig frei;
kannst auch auf ein Morgen hoffen,
das nicht minder glücklich sei!

WIE DIE ZEIT VERGEHT

Lerne alt zu werden
mit einem jungen Herzen.
Das ist die Kunst.

Man sieht die Blumen welken und die Blätter fallen, aber man sieht auch Früchte reifen und neue Knospen keimen. Das Leben gehört den Lebendigen an, und wer lebt, muss auf Wechsel gefasst sein.

Man meint immer, man müsse alt werden, um gescheit zu sein; im Grunde aber hat man bei zunehmenden Jahren zu tun, sich klug zu erhalten, als man gewesen ist! Der Mensch wird in seinen verschiedenen Lebensstufen wohl ein anderer, aber er kann nicht sagen, dass er ein besserer werde, und er kann in gewissen Dingen so gut in seinem zwanzigsten Jahre recht haben als in seinem sechzigsten.

Manchmal sieht unser Schicksal aus wie ein Fruchtbaum im Winter. Wer sollte bei dem traurigen Ansehn desselben wohl denken, dass diese starren Äste, diese zackigen Zweige im nächsten Frühjahr wieder grünen, blühen, sodann Früchte tragen könnten, doch wir hoffen's, wir wissen's.

Die Hoffnung hilft uns leben.

Ei, bin ich denn darum achtzig Jahre alt geworden, dass ich immer dasselbe denken soll? Ich strebe vielmehr, täglich etwas anderes, Neues zu denken, um nicht langweilig zu werden. Man muss sich immerfort verändern, erneuen, verjüngen, um nicht zu verstocken.

Wenn man seine Kindheit bei sich hat,
wird man nie älter.

Lange leben heißt gar vieles überleben – geliebte, gehasste, gleichgültige Menschen, Königreiche, Hauptstädte, ja Wälder und Bäume, die wir jugendlich gesät und gepflanzt. Wir überleben uns selbst und erkennen durchaus noch dankbar, wenn uns auch nur einige Gaben des Leibes und Geistes übrig bleiben.

Jedes Jahrzehnt des Menschen hat sein eigenes Glück, seine eigenen Hoffnungen und Aussichten.

Jedem Alter des Menschen antwortet eine gewisse Philosophie. Das Kind erscheint als Realist; denn es findet sich so überzeugt von dem Dasein der Birnen und Äpfel als von dem seinigen.

Der Jüngling, von innern Leidenschaften bestürmt, muss auf sich selbst merken, sich vorfühlen: Er wird zum Idealisten umgewandelt.

Dagegen ein Skeptiker zu werden, hat der Mann alle Ursache; er tut wohl, zu zweifeln, ob das Mittel, das er zum Zwecke gewählt hat, auch das rechte sei. Vor dem Handeln, im Handeln hat er alle Ursache, den Verstand beweglich zu erhalten, damit er nicht nachher sich über eine falsche Wahl zu betrüben habe.

Der Greis jedoch wird sich immer zum Mystizismus bekennen. Er sieht, dass so vieles vom Zufall abzuhängen scheint: Das Unvernünftige gelingt, das Vernünftige schlägt fehl, Glück und Unglück stellen sich unerwartet ins gleiche; so ist es, so war es, und das hohe Alter beruhigt sich in dem, der da ist, der da war und der da sein wird.

Genieße also,
was dir das Glück gegönnt hat
und was du dir erworben hast,
und suche dir's zu erhalten.

Johann Wolfgang von Goethe

Wenngleich 1749 in Frankfurt als vermeintliche Totgeburt zur Welt gekommen, ebneten elterlicher Wohlstand, vielseitige Ausbildung, Talent, Fleiß und mannigfaltige Interessen dem jungen Goethe den Weg, das größte Universalgenie der deutschen Geschichte zu werden. Er brillierte als Jurist, Dichter, Schriftsteller, Kunstkritiker, Philosoph, Naturwissenschaftler und Staatsmann, leitete 25 Jahre lang das Hoftheater in Weimar, wohin der Herzog ihn bereits als 25-Jährigen zu politischen Ämtern berufen hatte.

Unter dem Einfluss von Gottsched und Herder hatte er das Schreiben begonnen, wurde mit emotionaler Lyrik und seinem ersten Welterfolg in Prosa (*Die Leiden des jungen Werthers*) zum Vorreiter der Bewegung „Sturm und Drang". Zahlreiche Liebesbeziehungen sowie Bildungsreisen in die Schweiz und nach Italien inspirierten ihn zu immer neuen, nun auch vielen dramatischen Werken. Mit der Freundschaft zu Friedrich Schiller begann die Epoche der „Weimarer Klassik", die die bedeutendsten Werke deutscher Literatur hervorbrachte.

Goethe heiratete nur einmal, nach 18-jähriger Beziehung, die nicht standesgemäße Christiane Vulpius. Sie hatten fünf Kinder, von denen nur der Sohn August überlebte.

Mit den größten Koryphäen seiner Zeit bekannt (u.a. Wieland, Napoleon, Beethoven, Lavater, Fichte und Humboldt), immer gleichzeitig in mehreren Ämtern tätig, widmete er sich neben der Literatur und Philosophie auch den Naturwissenschaften und erwarb sich sowohl in der Anatomie (Entdeckung des menschlichen Zwischenkiefers) als auch in der Botanik und der Farbenlehre großes Ansehen.

Sein gewaltiges Menschheitsdrama *Faust* und sein *Wilhelm Meister* spiegeln seine eigene Sinnsuche, den Drang nach dem Höheren, dem Wahren und Guten. Goethe starb 1832 mit 82 Jahren in Weimar und wurde neben Schiller beigesetzt.